I0481563

IT WOULD BE GOOD,
however ...

Ilya Kogan

ISBN-13: 978-1985126862

ISBN-10: 1985126869

Russian text on the page. 35
Russian on page 35

CONTENTS

1. INTRODUCTION

For a long time I thought about this, the possibility of reallocating resources of the country. To speed up its development. Discovered that I am not alone, on a distant planet Gayane thought about this and even it took place. Now this is available on our Earth, at least in countries such as the United States. There are all conditions and possibilities, however the … political correctness.

Socialism, proclaimed,

*"From each according to ones abilities,
to each according to his work"*.

The President appeared that said, «*Together there is nothing we can't overcome - even a very biased media. We ARE Making America Great Again!*».

Socialists do not like to repeat that there is another slogan of socialism,

3

IT WOULD BE GOOD, however ...
"Who does not work does not eat."

In this paper, is reminded how respected is in the United States those slogans.

Resistance appeared, vicious and false slander from the Socialists who, using the New-speech of Big-brother, called himself Democrats. Socialists seek to surpass the Lenin's dream. They are seeking benefits for those who believe Lenin requirements are too small. They seek to ensure vital benefits, which would exceed what receive the employed working citizen.

This is done to ensure the votes in their support. Those who speak on the new-speech of Big brother are not interests of the country. The more, they are not interested in justice, the main are votes.

In the book, it is proposed a law to leave only one programs Medicare, Medicaid is replaced by Medicare. Here you might encounter "battle" because the Socialists would not reduce the benefits to their constituents.

I do not say this pointlessly, I am familiar with socialism. I lived for 57 years under socialism. I worked there for 45 years. More than 10 years I needed to talk with very high-level officials in connection with the needs to evaluate the volume of information and the list of tasks in the systems, which I did, as the scientific supervisor; (Automated control system (MIS) of Planning calculations of a region, MIS of Ukraine Ministry of supply, MIS of the Ministry of agricultural machinery of the USSR, The development of Typical Region of Nationwide control system).

Interestingly, at the level of my research in any Ministry or in the CPSU, I have not met any Jew, but a few steps below they occupied an important place. Moreover, this the real socialism is as well.

Now the fight against socialism in the United States are forced to Trump. It is also thought; The President is distract from the important things he should for the good of the country.

However, go back to the main topic and would try to repeat my views.

The country spends huge sums on appointment of various benefits, validation of the use of allocated funds. To combat corruption, caused by this.

Economy can afford to assign citizens permanent income (payment). Most would obviate the need for the appointment of various benefits, such as unemployment benefits, Welfare, and others.

Today this is being discussed and tested in other countries whose economies are not stronger than the economy of the United States.

In the work are considered proposals for the organization of the system and its economic feasibility.

2. WHAT I CAN SAY

In the United States, there are many different instructions for income and expenses. Just look at the instructions for completing the tax return. The impression is that the rules were drafted with a view to confuse matters. At least half of the points clearly may be thrown away. The remaining half is easily to cut at least twice and simplify.

Imagine how simplified preparation of tax declaration would. Apparently, the program can work without human intervention. There are many such examples.

I suggest reading the instructions for the pension appointment. It can be cut several times. Nice that the work in this direction finally moved.

«The Trump Administration has terminated more UNNECESSARY Regulation, in just twelve months, than any other Administration has terminated during their full term in office, no matter

IT WOULD BE GOOD, however ...
what the length. The good news is, THERE IS MUCH MORE TO COME!

7:47 PM - 20 Jan 2018»

However, the present work deals with the problem related indirectly. In addition, the Socialists will do everything to prevent.

Nevertheless, thoughts, which are discussed below, according to the author, can be very useful and effective.

It must be in the country introduced a law stipulating that all citizens receive a certain value amount regardless of their status, for example, $6.000 a year, let us call it **GRANT**. Naturally, this amount may be changed over time. Grant may vary, for example, like pension; it is adjusted according to inflation. It depends of economic state of the country.

The idea is not new and to it is paid attention in the literature. However, it is spoken only about some additional money. This may kill a good idea. Many would prefer to use it as main income for life. Even now days some use for this unemployment money, working for some time with companions.

You can find articles in Wikipedia, for example.

https://en.wikipedia.org/wiki/Guaranteed_minimum_income

https://en.wikipedia.org/wiki/Basic_income

3. AN EXAMPLE

On his website, Raymond Kurzweil developed this idea,

Ahttp://www.kurzweilai.net/letter-from-ray-supporting-universal-basic-income-as-step-in-world-progress

Following repeated his ideas, without comments,

1. Basic Income will help us rethink how & why we work.

2. Basic Income will contribute to better working conditions.

3. Basic Income will downsize bureaucracy.

4. Basic income will make benefit fraud obsolete.

5. Basic income will help reducing inequalities.

6. It will provide a more secure and substantial safety net for all people.

7. Basic Income will contribute to less working hours, better distribution of jobs.

8. Basic Income will reward unpaid contributions.

9. Basic Income will strengthen our democracy.

10. Basic Income is a fair redistribution of technological advancement.

11. Basic Income will end extreme financial poverty.

I am pleased that such an authoritative thinker as Raymond Kurzweil supports the necessity of introducing a basic income. However, the simple introduction of this is not enough. As it was told, it can ruin a good idea. Some of the grant receivers would use it as a sufficient income. In the United States for a long time, there is an increasing part of the population, living on benefits.

Introduction of a basic income can significantly increase the proportion of such population and increase its political influence.

There are many proposals offering to limit the influence of citizens living on benefits, i.e. those who do not wish to contribute to the development of the country. For example, to deny them the right to vote. I am sure that the Socialists will not allow this. After all, for them it is a political death.

You need many refinements that will not allow any opponent to venture the endless discussions, such as

1. The recipient of Welfare grant does not be paid.

2. Unemployment benefit is reduced by the amount of the grant.

3. Medicaid without Medicaid that is only one of them.

4. Recipients of Medicare, only those who have earned the State pension are paid the grant.

5. For other benefits Recipients, as unemployment, disability and so on, require to find a solution.

For this reason, the following chapter lists suggestions, which should be included into the first addition of the law.

The author has not attempted fully formulate the law, because I am sure that it is the prerogative of the politicians and lawyers. However, you must choose a revision that will satisfy the majority.

Fortunately, now days this is still majority of people who work and fill up the tax declaration. When the majority of the population would be living on welfare and development goes in this direction, it would be almost impossible.

4. THE PROPOSALS FOR
THE LAW

In this chapter are outlined proposals to be made to the law on the grant. The law should be developed by specialists. However, it must be possible to suppress hidden sabotage. To this end, you must assign dates of implement into effect the first stage of the law. Further, develop corrections.

1. Starting from the (date) all citizens of the United States are paid every month a GRANT. Grant is an amount, guaranteed and paid in addition to the legally earned income.

The amount of the grant shall be equal to the minimum income in the country.

Now in the United States when one reaches 65 years to those who had an income below the minimum amount, is paid additional sum to reach minimal income value. In the case of such additional

14

payments, a person receives additional benefits. For example, in addition to Medicare person is assigned to Medicaid.

Now if a pensioner has earned a pension equal to the minimum income, and is not paid an additional amount, he lives only with Medicare. In this case, unfair arrogance is done to those who preferred to work. For such people violated the principles of socialism.

2. Legally earned, are
- Wages,
- Pensions
- What else to add (?).

Specialists can identify additional revenues that can be defined as legitimate earnings.

3. All benefits are deducted from the amount of the grant, e.g. such as
- Welfare
- What else to add (?).

Position 3 will inspire the transition from benefits to work. For example, person is on Welfare approximately equal to the grant. Getting a job equal to grant his income doubled, salary plus grant.

4. To the citizens with incomes above some "amount" Grant is not paid (this item will be later removed).

Initially, this amount should be about $100.000.

That is, in the first years the grant will be paid not to all citizens, only to those who have income below a certain amount. Grant is considered as income and taxes are paid. However, all types of pensions are not taken into account as income when is calculated the grant.

From the grant amount are deduct sums paid to recipients of the grant as welfare. For example, Welfare recipients are given the amount reduced by the amount of grant amount, or rather their grant is not paid in this regard, it is advisable to make an allowance equal to Welfare; this significantly shorten and simplify accounting.

Such a system would increase the motivation for employment. There are many works, which are paid not much above or below the welfare, but with grant, income of the employed person would be considerably higher.

5. Welfare is replaced by grant. That is, the amount of the grant is the same as Welfare. Person has the same income and there is no need for unnecessary recalculations.

Because of the above, after income (grant) recipient would not change the income.

6. Medicaid made equal to Medicare and is eliminated. That is, all residents are on benefits, and receive medical care not inferior to the one, which receive the citizen who legitimately earned a State pension by law.

Paragraph 6 equals in rights of those who worked and earned pension to those who did not work. This is not yet the full justice. However, this removes the obvious injustice that exists today.

The proposed paragraphs do not exhaust the many provisions is clearly unfair to those who seek honest work. However, they will stop just blames. They would stop clearly politicized desire to attract the voters due to the inequitable distribution of income and wealth.

Because the United States does not have "state goods from God", but actually the robbed from citizens funds, people here obviously do unjust robbery of those who show good faith towards their country. Followers of Big brother find a lot of explanation, and increasingly distracting people from every day issues.

To the above 6 points can be added much more. However, this can lead to many, often-artificial disputes that do not allow implementing in time the law.

IT WOULD BE GOOD, however ...

The proposed measures would help to reduce corruption and improve society. Often they will make unnecessary and even harmful work by cache, hiding income.

5. SOME FIGURES

5.1. EVALUATION AND CONCLUSIONS

All data found and selected from Internet. Often this refers to different years. However, they allow you to evaluate the implementation of the program for the GRANT and the rest of the activities proposed in the present work. Some of the data are given in sections 5.2 and 5.3.

The author has not intended to give the accurate calculation. The aim of this work is to attract attention to the topic. Apparently, not enough introduction guaranteed to give some amount. It could, particularly in the early years, lead to the opposite effect.

It would be necessary some restructuring of the system of financial security, which will create a motivation to work and participate in the development of the country.

The Internet makes it possible to find many data that allow evaluating the enormous expenditures on social programs.

Below are given just some of the addresses. However, this allows you to accept the fact that the cost of the GRANT when appointed in the social security system could lead to savings.

5.1. WELFARE, MEDICAID

What is the spending on Welfare?

https://www.usgovernmentspending.com/us_welfare_spending_40.html

In FY 2018, total US government spending on welfare— federal, state and local — is "guesstimated" to be **$1,155 billion**, including **$716 billion** for Medicaid, and **$439 billion** in other welfare.

Estimation of the cost of welfare is difficult due to the variability in the magnitude of benefits by State.

https://www.investopedia.com/articles/pf/07/medicare-vs-medicaid.asp

The biggest welfare package was in Hawaii, at $49,175. (Hawaii's data may be distorted because of the high cost of living, researchers wrote.) The lowest was in Mississippi, at $16,984.

E.G. for Fiscal Year 2016

Government Pensions $1.3 trillion

Government Health Care $1.5 trillion

Government Education $1.0 trillion

Decrease or increase government spending requires more accurate (and tedious) work. Recall that the recipients of public assistance Grant is not paid.

https://www.usgovernmentspending.com/year_spending_2016USbn_XXbs0n_30_x101113

Welfare Details

United States Government Spending

FY 2016 in $ billion

	Fed Gov.	Xfer	State	Local	Total
Seniors	1,571.3	0.0	237.0	51.2	1,859.5

Education	121.7	-56.3	300.1	680.0	1,045.4
Welfare	880.7	-511.4	771.4	248.2	1,388.9
Medical service	0.0	-27.4	122.0	151.3	246.0
Public health services	4.7	0.0	0.0	0.0	4.7
R and D Health	31.9	0.0	0.0	0.0	31.9
Health n.e.c.	0.0	0.0	0.0	0.0	0.0
Family and children	281.4	-102.5	57.7	49.2	285.8
Unemployment	35.2	-6.8	41.0	0.2	69.5
Unemployment trust	0.0	0.0	0.0	0.0	0.0
Workers compensation	3.8	0.0	0.0	0.0	3.8
Housing	49.1	-6.4	9.0	41.1	92.7
Social exclusion n.e.c.	0.0	0.0	0.0	0.0	0.0
R and D Social protection	0.0	0.0	0.0	0.0	0.0
Social protection n.e.c.	0.0	0.0	0.0	0.0	0.0
Vendor Payments	474.8	-368.3	541.7	6.4	654.7

Total Government Spending $6.7 trillion

https://www.usgovernmentspending.com/us
_welfare_spending_40.html

In FY 2018, total US government spending on welfare— federal, state and local — is "guesstimated" to be $1,155 billion, including $716 billion for Medicaid, and $439 billion in other welfare.

https://www.usgovernmentspending.com/us_per_c
apita_spending.html

US Per Capita Government Spending

GDP: $20,013.7 bln
GO: $34,692.7 bln
United States Federal
State and Local Government Spending   US CA >
Pop: 328.0 million

October 2017 Medicaid and CHIP Enrollment Data Highlights...
https://www.medicaid.gov/medicaid/program-information/medicaid.../index.html

Medicaid and CHIP Total Enrollment. **74,246,626** individuals were enrolled in Medicaid and CHIP in the 51 states reporting October 2017 data.

http://files.kff.org/attachment/fact-sheet-medicaid-state-US

https://www.kff.org/interactive/medicaid-state-fact-sheets/

The data is difficult to use, however, they give a high-quality picture.

5.2. MEDICARE

This year, Medicare, which covers those 65 and older and people with disabilities, will spend about **$11,200** on average for every person enrolled in the program. By comparison, it spent **$12,000** three years ago, in inflation-adjusted dollars. Sep 3, 2014

The number represents an 18.6 percent increase in enrollment. Now, Medicaid and CHIP cover nearly **70 million** people, or 1 in 5 people in the country. Under the health care law, more people can qualify for Medicaid based on their income. Feb 24, 2015

Formerly known as Medicare + Choice or Medicare Health Plans. Benefits are provided by private insurance companies. Premiums, cost sharing, and coverage vary by plan. **17.6 Million** Enrollees (31% of all Medicare enrollees) in 2016.

Below are some addresses where you can find additional information.

Medicare Fast Facts
www.ncpssm.org/Medicare/MedicareFastFacts

https://en.wikipedia.org/wiki/Guaranteed_minimum_income

https://en.wikipedia.org/wiki/Basic_income

http://www.kurzweilai.net/letter-from-ray-supporting-universal-basic-income-as-step-in-world-progress

6. IF ANY

For example, suppose there is a law according to which a man born on some place of World gets all the rights of the inhabitants of this place. For example, a person born in the backyard of Prince gets all the rights, as he is a Prince and inherit an equal part with children of the Prince, the property and so on.

I fantasize, however identical laws exist. One born in Norway would retire as a millionaire. If one born in the United States, then immediately one gets all that earned for years of effective efforts of American workers.

You can fantasize, but the question is, not whether such laws are outdated. Maybe it is time to discard the notion of citizenship and the concept of borders. I do not know how to deal with the concepts of voting, Government, police. Sold! And yet....

Many entered the country, getting visa for the right to entry. Many ignored this order. It turns out that some political forces have an advantage of such order. That is why the new comers receive more powerful financial, medical and other benefits natives do. They enjoy all that earned the country's citizens, due the taxes that citizens pay. However, these "old" citizens at voting must present the passport. Those who violated the laws of the country can vote without having a document.

This situation requires additional legislation. For example, a law, according to which from the voices, received by political forces that have made the introduction of such rules, should be deducted in proportion to the number of illegal immigrants.

For example, if the United States would have such, a, for sure needed law, then in the last election the Socialists would get approximately 10 million votes less than was announced.

We periodically get colorful invitation. We are offered a free delivery and provided us with free gym, pool, food and so on. Called back and immediately got a question, do you have is Medicaid. Oh no, then this is not for you. Again, the question why we requested for visas, worked, paid taxes and so on.

However, they are not full Socialists; Lenin did not promise all this benefits. They provide their own political objectives. However, they know that if their party receives full authority, most of them would be the first ones to be sent in, created by them, Gulag. History shows that without Gulag their country cannot exist.

Of course, first should begin implemented the existing laws, for example,

The law on the increase of pensions according to inflation is not respected. This is, may be, due to the deliberately wrong counting of inflation. Apparently, the inflation rate should be calculated for people with low income in some different method.

I retired at age 70 in 1999. During this time, the purchasing power of my pension was reduced more than twice. This is due to the fact that prices for products that I buy (probably other retirees as well) have risen much faster than the average inflation rate.

So happen that, strongly dropped the cost of flights into space, and the price for "Bush legs" has grown more than 10 times. Similarly, increased prices for other commodities, which are bought by pensioners.

Interestingly, this violation of law occurs when are the Republican, and with the Democrats.

I often heard critical laughter from my peers, who arrived in the United States and went on welfare.

Ilya Kogan

Ridicule fool, you have pension about a hundred
more than my benefit. However, in fact I am more
assured today and in my future. I have a free
apartment, free medicine, medication, rest homes. If
something happens, then the free future in nursing
home.

What you provided for old age by your work.
You have a small account; however, is there enough
money to pay what I have free, by law. What should I
answer, really a fool. How painfully it was shown
when at 88 suddenly my heart failed.

7. CONCLUSION

This paper draws attention to the outrageous reality of financial regulation in the United States. There is an impression that many of the provisions designed to increase corruption and strengthen the impact of bureaucracy on society. It has only political background.

This can exist primarily due to the mistreatment of the working class. E.g., financial and medical support anyone who works and pays taxes is virtually identical, and often less secure than those who are on benefits. This primarily relates to workers with low income.

People with high incomes are hurt emotionally. The American low-income people are oppressed.

In this work is proposed a permanent allowance (grant) for the United States citizens and proposed to be changed the existing institutions like Medicare and Medicaid.

Proposed will reduce inequality, which exceeded the Lenin's principles of socialism. In some cases, this will reduce corruption and increase employment.

The idea is not new, and I am not the first its supporter. However, we must act and that is what for is this work. *It is necessary to establish a Commission for the development of the proposed law and determine the duration of the implementation of release one of it.*

It was to be hoped that appear enthusiasts for implementing the proposals of the present work.

Again, financial and medical support for low-income workers, those who work and pay taxes, often are less secure than ones given to those who are on benefits. Those who illegally arrived in the United States and never worked those who never paid taxes and who are given the right to vote for the future of the United States without documents. Such people have political support.

However, the United States is not like the SOVIET UNION, where folk wisdom talked that they live by an anecdote, which at the beginning starts listing many oddities like "nobody works, however the plan is performed". The conclusion of it was, "*All are not happy, and voted in favor*".

1984, Riga, Latvia, knock on the door. There come two professors, one American, the second Canadian. It started a conversation. I tell them that we are "refuzniks" (government objectors) for such a visits they can do to us anything they decide, and you are not afraid.

No, because we are protected by the constitutions of our countries.

I explained, do you have a Constitution, do they give you any rights. Took out the Constitution of the USSR and read some articles. Citizens of the USSR have the right for work, to ... have the right for an apartment, ..., and so on, and so on. Is such guaranteed for you?

It turns out, such happen in the United States as well. On the death of Pushkin, Lermontov wrote, "in his hand not trembled the gun". In the United States does trembled the hand when writing a request of unbelievable bills for treatment; while voting in Congress, when enlarging in times the minimum hourly pay, or transportation fares. At the same time is forgotten about the implementation of the law on the increasing of pensions according to inflation (making a criminal violation of the law).

Just as in the USSR. Here voters are confident that their votes would be counted. The low-paid for sure are dissatisfied, however, they

"Dissatisfied and are voting for".

Moreover, there is no Big brother.

Not Russia, the United States is needed NAWALNY. Who besides him would recall about this?

IT WOULD BE GOOD, however ...

ХОРОШО БЫ,

однако ...

Илья Коган

СОДЕРЖАНИЕ

1. ВВЕДЕНИЕ

Давно я думал об этом, о возможности перераспределения ресурсов страны. Последнее позволит ускорить ее развитие. Обнаружил, что не я один, на далекой планете Гаяне об этом думали и даже осуществили. Однако сейчас это доступно на нашей Земле, по крайней мере, в таких странах как США. Для этого есть все условия и возможности, однако … политкорректность.

Социализм провозгласил,

«От каждого по способностям
Каждому по труду».

Социалисты не любят повторять, что есть еще один лозунг социализма,

«Кто не работает, тот не ест».

В настоящей работе напоминается как соблюдается это в США.

Появился Президент, который говорит, *«Together there is nothing we can't overcome - even a very biased media. We ARE Making America Great Again! »*.

Появилось противодействие, злобная и лживая клевета социалистов, которые, используя ново-речь Большого брата, называют себя демократами. Социалисты стремятся перевыполнить мечту Ленина. Они добиваются благ для тех, кто считает требования Ленина чрезмерными. Они стремятся обеспечить жизненные блага, которые часто превышают то, что получают благодаря своему труду работающие.

Это делается для обеспечения голосов в свою поддержку. Тем, кто говорит на ново речи Большого брата дела нет до интересов страны. Тем более они не заинтересованы в справедливости, главное голоса избирателей.

В предложениях в закон предлагается оставить только одну программ Medicare, Medicaid заменить на Medicare. Здесь может возникнуть «бой», поскольку социалисты не захотят уменьшит блага своих избирателей.

Я не говорю об этом необоснованно, я знаком с социализмом. Я прожил при социализме 57 лет. Я работал там 45 лет. Более 10 лет мне было необходимо беседовать с чиновниками очень высокого уровня в связи с необходимостью оценки объемов информации и перечня задач в системах, разработкой которых я занимался, как научный руководитель (Автоматизированная система управления (АСУ) Плановыми расчётами области, АСУ Материально-технического Снабжения Украины, АСУ Министерства Сельхозтехники СССР, Разработка типового звена Общегосударственной Системы Управления).

Интересно, что на уровне моих исследований ни в одном министерстве или в ЦК КПСС я не встретил ни одного еврея, а ведь на несколько ступеней ниже они занимали значительное место. И это тоже реальный социализм.

Сейчас борьбой с клеветническим социализмом в США вынуждают заниматься Трампа. Это тоже продумано; Президента отвлекают от важных дел на благо страны.

Однако вернусь к основной теме и попробую повторить свои соображения.

Страна тратит огромные средства на назначение различных пособий, на проверку правильности использования, выделяемых средств. На борьбу с коррупцией, порождаемой этим.

Экономика может позволить назначить гражданам страны постоянное пособие. Последнее снимет необходимость назначения различных пособий, как например пособия по безработице, Welfare и других.

Сегодня это обсуждается и опробуется в других странах экономика которых не сильнее чем экономика США.

В работе рассмотрены предложения по организации системы и ее экономическая целесообразность.

2. О ЧЕМ МОЖНО ГОВОРИТЬ

В США имеется много разных статей доходов и расходов. Достаточно взглянуть на инструкцию по заполнению налоговой декларации. Впечатление, что правила составлялись с целью запутать дело. Минимум половину пунктов очевидно надуманы. Оставшуюся половину легко сократить минимум в два раза и упростить.

Представьте, как упростится составление налоговой декларации. Видимо, программа сможет ее составлять без участия человека. Таких примеров множество.

Предлагаю прочесть инструкцию по назначению пенсии. Ее можно сократить в несколько раз. Приятно, что работа в это направлении наконец двинулась.

IT WOULD BE GOOD, however ...

«*The Trump Administration has terminated more UNNECESSARY Regulation, in just twelve months, than any other Administration has terminated during their full term in office, no matter what the length. The good news is, THERE IS MUCH MORE TO COME!* 7:47 PM - 20 Jan 2018»

Однако настоящая работа касается этой проблемы косвенно. Социалисты сделают все возможное, чтобы этого не допустить.

Тем не менее ниже рассматривается вопрос, который, по мнению автора, может быть очень полезным и эффективным.

В стране вводится закон, согласно которому все граждане получают определенной величины сумму независимо от их статуса, например, $6,000 в год, назовем ее **ГРАНТОМ**. Естественно, эта сумма может изменяться со временем. Грант может изменяться, например, он, как и пенсии корректируется согласно инфляции.

Идея не новая и ей уделяется внимание в литературе. Можно найти статьи в Википедии, например,

https://en.wikipedia.org/wiki/Guaranteed_minimum_income

https://en.wikipedia.org/wiki/Basic_income

3. ПРИМЕР

На своем сайте Раймонд Курцвейл развил эту идею, http://www.kurzweilai.net/letter-from-ray-supporting-universal-basic-income-as-step-in-world-progress

Ниже повторены его идеи, без комментариев,

1. Basic Income will help us rethink how & why we work.

2. Basic Income will contribute to better working conditions.

3. Basic Income will downsize bureaucracy.

4. Basic income will make benefit fraud obsolete.

5. Basic income will help reducing inequalities.

6. It will provide a more secure and substantial safety net for all people.

7. Basic Income will contribute to less working hours, better distribution of jobs.

8. Basic Income will reward unpaid contributions.

9. Basic Income will strengthen our democracy.

10. Basic Income is a fair redistribution of technological advancement.

11. Basic Income will end extreme financial poverty.

Мне приятно, что такой авторитетный мыслитель как Раймонд Курцвейл поддерживает необходимость введения базового дохода. Однако, простое введение этого недостаточно. Это может погубить хорошую идею. Некоторые удовлетворятся грантом, как достаточным обеспечением. В США уже длительное время существует все возрастающая часть населения, живущая на пособия.

Введение Базового дохода может значительно увеличить эту часть населения и усилить ее политическое влияние.

Введение Гранта приведет к увеличению числа работающих и соответственно их политического влияния на общество.

Имеется много предложений предлагающих ограничить влияние граждан, живущих на пособия, то есть тех, кто не желает способствовать развитию страны. Например, предлагается лишить их права голоса. Уверен, что социалисты этого не допустят. Ведь для них это политическая смерть.

Требуется много уточнений, которые позволят любому оппоненту затеять бесконечные обсуждения, как например,

1. Получателям Welfare грант не платят.

2. Пособие по безработице уменьшается на величину гранта.

3. Medicaid без Medicaid только одно пособие.

4. Получателям Medicare, только тем, которые заработали государственную пенсию, платят грант.

5. Получатели других пособий, безработица, инвалидность требуют найти решение.

По этой причине в следующей главе перечислены предложения, которые следует включить в первую очередь закона.

Автор не пытался сформулировать закон, поскольку уверен, что это прерогатива политиков и юристов. Однако, необходимо выбрать такую редакцию, которая удовлетворит большинство.

К счастью, пока еще таким большинством являются люди, которые работают и составляют налоговые декларации. Когда большинством станет население, живущее на Welfare, а развитие страны идет в этом направлении, это станет почти невозможным.

4. ПРЕДЛОЖЕНИЯ В ЗАКОН

В главе изложены предложения, которые должны быть внесены в закон о гранте. Закон должен быть разработан специалистами. Однако должна быть предусмотрена возможность пресечения скрытого саботажа. С этой целью необходимо назначить срок ввода в действие первой очереди закона. Далее разрабатывать дополнения.

1. Начиная с «дата» всем гражданам США ежемесячно выплачивается ГРАНТ. Грант — это безвозмездная сумма, гарантированная и выплачиваемая дополнительно к законно заработанному доходу.

Сумма гранта должна быть равна минимальному доходу в стране.

Сейчас в США при достижении 65 лет тем, у кого доход ниже минимума доплачивается определенная сумма, чтобы доход не был ниже некоторой минимальной величины. В случае такой доплаты человек получает дополнительные льготы. Например, ему в дополнение к Medicare назначается Medicaid.

Сейчас, если пенсионер заработал пенсию, равную минимальному доходу, и ему не доплачивается дополнительная сумма, то он живет только с Medicare. В этом случае несправедливо отношение к тем, кто предпочел работать. По отношению к таким людям нарушаются принципы социализма.

2. Законно заработанными являются,
- заработная плата,
- пенсии
- что еще, дополнить.

Специалисты могут назвать дополнительные доходы, которые можно определить, как законный заработок.

3. Все пособия, вычитаются из суммы гранта, как например,
- Welfare,
- что еще, дополнить.

Пункт 3 будет стимулировать переход с пособия на работу. Например, человек находится на пособии примерно равном гранту. Поступив на работу равную гранту его доход удваивается, зарплата плюс грант.

4. Гражданам с доходом выше «сумма» грант не выплачивается (в дальнейшем этот пункт будет изъят).

Первоначально эта сумма должна быть порядка $100,000.

То есть в ближайшие годы грант будет выплачиваться не всем работающим, а тем, у кого доход ниже некоторой величины. Грант считается доходом и облагается налогом. Однако все виды пенсионного обеспечения не учитываются при начислении гранта.

Из суммы гранта вычитаются пособия, которые выплачиваются получателям гранта. Например, получателям Welfare дают сумму, уменьшенную на величину граната, точнее им грант не выплачивается в этой связи целесообразно сделать пособие равным Welfare и значительно сократить и упростить бухгалтерию.

Такая система повысит стимул трудоустройства. Многие работы оплачиваются почти как Welfare, однако с учетом гранта доход работающего будет значительно выше.

5. Welfare заменяется грантом. То есть, сумма Welfare изменяется до величины гранта и нет необходимости излишних пересчетов.

Поскольку Welfare является пособием, то после вычета гранта доход получателя Welfare не изменяется.

6. Medicaid приравнивается к Medicare и устраняется. То есть все жители, находящиеся на пособиях, получают медицинское обеспечение не хуже тех, кто законным путем заработал государственную пенсию.

Пункт 6 уравнивает в правах тех, кто работал и заработал пенсию с теми, кто не работал. Это еще не полная справедливость. Однако, это устранение вопиющей несправедливости, которая существует сегодня.

Предложенные пункты не исчерпывают многих положений явно несправедливых по отношению к тем, кто стремится честно работать. Однако они прекратят справедливые упреки. Они прекратят явно политизированные стремления к привлечению избирателей за счет несправедливого распределения доходов и благ.

Поскольку в США нет «закромов Родины», а фактически награбленных у народа средств, то здесь проводится явно несправедливое ограбление тех, кто проявляет добросовестность по отношению к своей стране. Последователи Большого брата находят туманные объяснения, а чаще отвлекают народ от насущных проблем.

Изложенные выше 6 пунктов могут быть дополнены. Однако это может привести к многим, часто искусственным спорам, что не позволит своевременно внедрить первую очередь закона.

Предлагаемые меры будут способствовать уменьшению коррупции и оздоровлению общества. Часто они сделают ненужной и даже вредной работу на кэш, скрывая доход.

5. ЦИФРЫ

5.1. ОЦЕНКА И ВЫВОДЫ

Все данные найдены и выбраны из интернета. Часто это относится не к одному году. Тем не менее они позволяют оценить возможность осуществления программы по введению ГРАНТА и остальных мероприятий, предлагаемых в настоящей работе. Некоторые из найденных данных приведены в разделах 5.2 и 5.3.

Автор не стремился дать точную оценку. Цель работы привлечь к теме внимание специалистов. По-видимому, недостаточно введение гарантированного начисления некоторой суммы. Это может, особенно в первые годы, привести к обратному эффекту.

Необходима некоторая перестройка системы материального обеспечения, которая создаст стимул к работе и участию в развитии страны.

Интернет позволяет найти много данных, которые позволяют оценить огромные затраты на социальные программы.

Ниже приведены лишь некоторые адреса. Однако это позволяет согласиться с тем, что затраты на ГРАНТ при упорядочивании системы социального обеспечения могут привести к экономии средств.

5.1. WELFARE, MEDICAID

https://www.usgovernmentspending.com/us_welfare_spending_40.html

What is the spending on Welfare?

In FY 2018, total US government spending on welfare — federal, state and local — is "guesstimated" to be **$1,155 billion**, including **$716 billion** for Medicaid, and **$439 billion** in other welfare.

Оценить расходы на welfare трудно из-за разброса величины пособий по штатам.

https://www.investopedia.com/articles/pf/07/medicare-vs-medicaid.asp

The biggest welfare package was in Hawaii, at $49,175. (Hawaii's data may be distorted because of the high cost of living, researchers wrote.) The lowest was in Mississippi, at $16,984.

E.G. for Fiscal Year 2016

Government Pensions	$1.3 trillion
Government Health Care	$1.5 trillion
Government Education	$1.0 trillion

Уменьшаются или увеличиваются государственные расходы требует более точной (и трудоемкой) работы. Напоминаю, что получателям государственных пособий Грант не выплачивается.

https://www.usgovernmentspending.com/year_spending_2016USbn_XXbs0n_30_x101113

Welfare Details

United States Government Spending

FY 2016 in $ billion

	Fed Gov.	Xfer	State	Local	Total
Seniors	1,571.3	0.0	237.0	51.2	1,859.5

Ilya Kogan

Education	121.7	-56.3	300.1	680.0	1,045.4
Welfare	880.7	-511.4	771.4	248.2	1,388.9
Medical service	0.0	-27.4	122.0	151.3	246.0
Public health services	4.7	0.0	0.0	0.0	4.7
R and D Health	31.9	0.0	0.0	0.0	31.9
Health n.e.c.	0.0	0.0	0.0	0.0	0.0
Family and children	281.4	-102.5	57.7	49.2	285.8
Unemployment	35.2	-6.8	41.0	0.2	69.5
Unemployment trust	0.0	0.0	0.0	0.0	0.0
Workers compensation	3.8	0.0	0.0	0.0	3.8
Housing	49.1	-6.4	9.0	41.1	92.7
Social exclusion n.e.c.	0.0	0.0	0.0	0.0	0.0
R and D Social protection	0.0	0.0	0.0	0.0	0.0
Social protection n.e.c.	0.0	0.0	0.0	0.0	0.0
Vendor Payments	474.8	-368.3	541.7	6.4	654.7

Total Government Spending $6.7 trillion

https://www.usgovernmentspending.com/us
_welfare_spending_40.html

In FY 2018, total US government spending on welfare — federal, state and local — is "guesstimated" to be $1,155 billion, including $716 billion for Medicaid, and $439 billion in other welfare.

https://www.usgovernmentspending.com/us_per_c
apita_spending.html

US Per Capita Government Spending

GDP: $20,013.7 bln
GO: $34,692.7 bln
United States Federal
State and Local Government Spending   US CA >
Pop: 328.0 million

October 2017 Medicaid and CHIP Enrollment Data Highlights...
https://www.medicaid.gov/medicaid/program-information/medicaid.../index.html

Medicaid and CHIP Total
Enrollment. **74,246,626** individuals were enrolled in Medicaid and CHIP in the 51 states reporting October 2017 data.

http://files.kff.org/attachment/fact-sheet-medicaid-state-US

https://www.kff.org/interactive/medicaid-state-fact-sheets/

Данные трудно использовать, однако они дают возможность составить качественную картину.

5.2. MEDICARE

This year, Medicare, which covers those 65 and older and people with disabilities, will spend about **$11,200** on average for every person enrolled in the program. By comparison, it spent **$12,000** three years ago, in inflation-adjusted dollars. Sep 3, 2014

The number represents an 18.6 percent increase in enrollment. Now, Medicaid and CHIP cover nearly **70 million** people, or 1 in 5 people in the country. Under the health care law, more people can qualify for Medicaid based on their income. Feb 24, 2015

Formerly known as Medicare + Choice or Medicare Health Plans. Benefits are provided by private insurance companies. Premiums, cost sharing, and coverage vary by plan. **17.6 Million** Enrollees (31% of all Medicare enrollees) in 2016.

Ниже приведены некоторые адреса где можно найти дополнительные данные.

Medicare Fast Facts

www.ncpssm.org/Medicare/MedicareFastFacts

https://en.wikipedia.org/wiki/Guaranteed_minimum_income

https://en.wikipedia.org/wiki/Basic_income

http://www.kurzweilai.net/letter-from-ray-supporting-universal-basic-income-as-step-in-world-progress

6. IF ANY

Допустим, что есть закон, согласно которому человек родившийся на некоторой земле получает все права жителя этой земли. Например, родился человек в усадьбе князя, и он князь и наследует наравне с детьми князя имущество.

Я фантазирую, а ведь близкие законы есть. Вот родился человек в Норвегии и выходит на пенсию миллионером. А если родился в США, то сразу получает все, что заработано многолетним эффективным трудом американских рабочих.

Можно фантазировать, но возникает вопрос, а не устарели ли подобные законы. А может пора отменить понятие гражданства и понятие границ. Не знаю, как быть с понятием голосования, правительства, полиции. Разошелся! И тем не менее ….

Многие въезжали в страны предварительно получая визу на право въезда. Многие это игнорировали. Оказывается, благодаря некоторым политическим силам вторые имеют преимущество, они получают права, обеспечивающие более мощное финансовое, медицинское и другое обеспечение. Они пользуются всем, что заработали граждане страны, за счет налогов, которые эти граждане платят. Однако эти «старые» граждане при голосовании должны предъявить паспорт. Те, кто нарушил законы страны может при желании проголосовать, не предъявляя документ.

Подобное положение требует дополнительные законы. Например, закон, согласно которому из голосов, якобы полученных политическими силами, которые добились введения подобных правил, вычитается пропорционально число незаконных иммигрантов.

Например, будь в США такой, заведомо справедливый закон, то в последних выборах социалисты получили бы примерно на 10,000,000 голосов меньше, чем республиканцы.

Мы периодически получаем красочный проспект. Нам предлагают бесплатно доставить и обеспечить нас спортзалом, бассейном, питанием и так далее. Позвонил туда и сразу вопрос, у вас Medicaid есть. Ах нет, тогда это не для вас. И опять вопрос, зачем мы добивались визы, работали, платили налоги и прочее.

Впрочем, они не полные социалисты, Ленин этого не предполагал. Они обеспечивают свои политические цели. Они прекрасно знают, что если их партия получит полную власть, то большинство из них первыми будут оправлены в, ими созданный, ГУЛАГ. История показывает, что без ГУЛАГа их страна не может существовать.

Конечно следует наконец начать выполнение уже существующих законов, например,

Закон о росте пенсий согласно инфляции не соблюдается. Это связано с заведомо неправильным подсчетом инфляции. Видимо инфляция должна рассчитываться для людей с низким доходом по отдельной методике.

Я вышел на пенсию в 70 лет, в 1999 году. За это время покупательная способность моей пенсии сократилась больше, чем в два раза. Это связано с тем, что на товары, которые я покупаю (видимо и другие пенсионеры) цены выросли значительно быстрее, чем средняя инфляция.

Понимаете, сильно упала стоимость полетов в космос, а цена на «ножки Буша» выросла более, чем в 10 раз. Аналогично выросли цены на другие товары, которые покупают пенсионеры.

Интересно, что такое явное нарушение закона происходит и при республиканцах, и при демократах.

Я часто слышал пренебрежительные насмешки от моих ровесников, которые приехав в США пошли на пособие. Насмешки типа, дурак, у тебя на сотню пенсия больше, чем мое пособие. Однако фактически я более обеспечен и сегодня и в перспективе. У меня бесплатная квартира, бесплатная медицина, лекарства, дома отдыха. Если что случится, то бесплатное будущее в доме для престарелых.

Что ты обеспечил своей работой на старость. У тебя есть небольшой счет, но достаточно ли там денег, чтобы оплатить то, что мне положено бесплатно по закону. Что мне ответить – действительно дурак. Как больно это отозвалось, когда в 88 вдруг мое сердце дало сбой.

7. ЗАКЛЮЧЕНИЕ

В настоящей работе обращается внимание на возмутительное состояние обеспечения финансового законодательства в США. Впечатление, что многие положения задуманы с целью роста коррупции и усиления влияния бюрократии на общество.

В первую очередь это связано с пренебрежением к рабочему классу. Финансовое и медицинское обеспечение тех, кто работает и платит налоги практически не отличается, а часто ниже обеспечения чем у тех, кто находится на пособиях. Это, в первую очередь относится к работающим и имеющим низкий доход.

Людей с высоким доходом это задевает морально. Людей с низким доходом это угнетает.

В работе предложено ввести в США постоянное пособие (ГРАНТ) для граждан страны и изменить существующие институты типа Medicare и Medicaid.

Предложенное позволит снизить неравенство, которое превысило ленинские принципы социализма. В некоторых случаях это приведет к снижению коррупции и увеличению занятости.

Идея не новая, и я не первый ее сторонник. Однако, надо действовать и именно это преследует данная работа. *Необходимо создать комиссию для разработки закона и определить срок внедрения первой очереди закона.*

Остается надеяться, что появятся энтузиасты внедрения в жизнь предложений настоящей работы.

Повторю, финансовое и медицинское обеспечение имеющих низкий доход, тех, кто работает и платит налоги, часто ниже обеспечения чем у тех, кто находится на пособиях. Тех, кто незаконно приехал в США и никогда не работал, тех, кто никогда не платил налоги и кому дано право голосовать за будущее США без документов.

Но ведь вроде бы США не СССР, где народная мудрость говорила, что они живут по анекдоту, в котором в начале перечислялись многие странности типа «*никто не работает, а план выполняют*». Завершение было, «*Все не довольны, а голосуют за*».

1984, Рига, стук в дверь. Входят два профессора, один американец, второй канадец, начинаем разговор. Я им говорю, что нам отказникам за такие визиты могут сделать, а вы не боитесь. Нет, ведь мы защищены конституциями наших стран.

Я, разве у вас конституции, они дают вам права. Достаю Конституцию СССР и читаю ее статьи. Граждане СССР имеют право на труд, …, имеют право на жилище, …, на …. Вам все это гарантировано?

Оказывается, и в США бывает. На смерть Пушкина Лермонтов написал «В руке не дрогнул пистолет». А у кого в США дрогнула в руке ручка при выписывании неподъемных счетов за лечение; при голосовании в Конгрессе, где подымают в разы минимальную часовую оплату или стоимость проезда в транспорте. Одновременно забывают о выполнении закона об увеличении пенсий (при преступном нарушении закона). Совсем как в СССР. Здесь они уверены, что их голоса посчитают. А ведь низко - оплачиваемые заведомо недовольны, однако, они «*недовольны, а голосуют за*».

И ведь Большого Брата нет.

Не России, а США нужен Навальный. Кто кроме него об это напомнит?